Lk 68.

HISTOIRE ESTRANGE

DE SEPT FAVX TESMOINS
& Calomniateurs en crimes d'Impieté,
Blasphemes execrables, Heresies, &
Crime de leze-Majesté Diuine & humaine.

*Qui ont esté exemplairement executez
à mort en la place publique de la
ville d'Aix.*

Par Arrest du Parlement de Prouence, donné
contre eux le 15. Auril. 1619.

Ensemble vn Reglement de ladicte Cour contre les abus
qui se commettent par les Iuges subalternes aux
Procedures Criminelles.

A PARIS,

Iouxte la coppie Imprimée à Aix par IEAN
THOLOSAN, Imprimeur ordinaire du
Roy & de ladicte ville.

M. DC. XIX.
AVEC PERMISSION.

HISTOIRE ESTRANGE

de sept faulx Tesmoins & Calomniateurs en crimes d'Impieté, Blasphemes execrables, Heresies, & Crime de leze Majesté Diuine et humaine.

PAR Ordonnance de Honoré du Pin, Iuge subrogé du lieu de Saincte Tulle, à la requeste de Helion Saulteyró, soy disant Procureur Fiscal dudit lieu: faulses informations furent faictes à l'encontre de Iean Belliard Marchand de la ville de Marseille detenu prisonnier és prisons de la Conciergerie à Aix: Accusé faulsement par ledit Saulteyró de crime d'impieté, blaspheme execrable, Heresie, de leze Majesté, Diuine & humaine: appellant desdictes procedures & decret

A ij

de prise de corps ordonné par ledit du Pin à la requeste dudit Procureur Fiscal, soy portant aussi appellant, & se rendant partie, ioinct auec luy Monsieur le Procureur general au procés criminel fait à sa requeste contre les faux tesmoignages de Ieã Lambellot instigateur, François Hodoul cy deuant Notaire, & Iean Pierre Bremõd Bourgeois de la ville de Manoasque, tesmoins ouys & receus auxdictes informations faictes en vertu de l'ordonnance cy dessus, & à la requeste dudit Saulteyrõ lesdits faulx tesmoins detenus prisonniers en la Conciergerie du Palais dudit Aix, & deffaut obtenu au profit dudit Belliard côtre lesdits du Pin & Lambelot deffaillans: Veu aussi le procés verbal contenant plainte au nom dudit Procureur Fiscal pardeuant ledit du Pin, pour estre informé sur les blasphemes pretendus proferez par ledit Belliard audit lieu

de saincte Tulle au logis d'vn nommé
Garette, le 9. Decembre 1616. ladicte
informatiõ escrite par Lardeyret Notaire dudit lieu, & signé desdits du Pin
& Saulteyron, le 7. Decembre audit
an, auec le decret de prise de corps
donné par ledit du Pin contre ledit
Belliard du 10. desdits mois & an, Requeste presentée par ledit Lambelot
audit du Pin, pour estre receu instigateur contre ledit Belliard du 13. Decembre audit an : Exploict d'emprisonnement de la personne dudit Belliard aux prisons susdictes, comme par
prisons empruntées du 14. dudit mois
& an, signé Hodoul. Lettres d'appel
dudit Beliard de ladicte procedure &
decret du 15. dudit mois exploictées
contre ledit Saulteyron en qualité de
Procureur Fiscal dudit lieu de saincte
Tulle le 19 du mesme mois, pour cõparoir pardeuant ladicte Cour le premier iour apres les Roys consecutifs,

& autres procedures faictes en consequence de l'acte de recusation desdits Iuge & faulx tesmoins. Le tout veu & cósideré, dit a esté que la Cour faisant droict audit appel, dit qu'à bon & iuste grief, ledit Belliard a appellé de la procedure & decret dont est question pour auoir esté mal & faulsement fabriquez par les pretendus Officiers dudit saincte Tulle, & au moyen de ce a declaré & declare ledit Belliard innocent du cas & crime à luy calomnieusemét imposé, & lesdits Lardeyret, Bremond, & Hodoul Greffier & tesmoins respectiuement attaints, cónfez, & conuaincus d'auoir faulsement, & par complot fabriqué l'accusation, querelle, information & decret des crimes d'impieté, blasphemes execrables, heresie, & de leze Maiesté, Diuine & humaine, pour reparation desquels les a condánez & condáne à estre liurez és mains de l'executeur de la haute Iustice, pour estre menez & conduits par tous les lieux & carrefours de ceste ville d'Aix accoustumez, & au deuant la grand porte de l'Eglise Metropolitaine S. Sauueur faire amende honorable en chemise, teste & pieds nuds, la hart au col, ayans vn flabeaux ardent en leurs mains, & à genoux, demander pardõ à Dieu, au Roy, à Iustice, & audit Belliard, & de là conduits à la place des Iacobins, où sur des potéces qui pour cest effect y seront dressees, estre lesdits Hodoul & Bremond pendus & estranglez, iusques à ce que mort s'en ensuiue, & ledit Lardeyret Greffier, auoir le poing de la main droicte couppé sur le pilory de ladicte place, & apres ses bras, iambes & reins, serõt rompus & brisez, & mis sur vn rouë pour y viure tant qu'il plaira à Dieu. Faict inhibitions & deffence à toutes personnes de luy donner ay de ny secours à peine de la vie, & apres leur mort, seront les testes, & la main droicte dudit Lardeyret portées par ledit Executeur audit lieu de saincte Tulle, & les testes desdits Bremond & Hodoul separees aussi de leurs corps portees l'vne audit Manoasque, & l'autre en la ville de Forcalquier, & mises sur de bigues aux portes desdits lieux & villes. Faict inhibitions & deffences à toutes personnes de les oster sur peine de punitiō corporelle, & le reste desdits corps portez au lieu patibulaire: a declaré, & declare tous & chacuns les biens desdits Hodoul, & Lardeyret, acquis, & confisquez au Roy, desquels en seront distraicts la somme de deux mil liures, pour les despens, dommages, & interests dudit Belliard. Et auant que d'estre executez seront appliquez à la question & torture ordinaire, & extraordinaire, pour auoir de leur bouche la verité des complices, & pour ce qui est dudit Helion Saulteyron, l'a mis & met hors de Cour & de procez sans despens. Ordonne que les prisons luy seront presentement ouuertes, ensemble audit Belliard, & que le Procureur general du Roy mettra le procés en estat de iuger contre lesdits Lambelot & Dupin deffaillans dans quinzaine precisément, & Gregoire Melue de la ville de Manoasque sera prins & saisi au corps, mené & conduit aux prisons de ce Palais pour y estre detenu iusques autrement sera ordonné. Et où apprehendé ne pourra estre, qu'il sera crié & adiourné à comparoir en personne pardeuant ladicte Cour dans trois briefs iours, & tous & chacuns ses biens saisis effectuellemēt soubs la main du Roy par description & inuentaire: Neantmoins ordonne, que Ysabeau Berarde, & Claude Lardeyret mere & frere respectiuement

B

dudit Barthelemy Lardeyret, seront traduits à bonne & seure garde des prisons de la ville de Manosque où ils sont detenus à celles de ceste ville d'Aix, pour y estre detenus iusques autrement sera ordonné. ET PREVOYANT aux abus & inconueniens qui se commettent ordinairement aux procedures criminelles faictes par les Officiers Subalternes, faict inhibitions & deffences à tous Seigneurs feodataires du present pays de Prouëce, de n'establir qu'vn seul Iuge, Bayle ou Lieutenāt de Iuge, vn Greffier, & vn seul Procureur Iurisdictionnel de la qualité portée par les Edicts & Ordonnances du Roy, Arrests, & Reglements de la Cour, sauf en cas de recusation ou empeschement, d'en subroger & commettre d'autres, le tout par actes publicqs enregistrez ez registres des Greffes desdits lieux, & à ces fins, que les Iuges qui seront establis par lesdits Seigneurs, seront tenus le presenter, & faire receuoir ez Sieges du ressort, & que les Greffiers tant desdits lieux, que des Sieges, seront tenus de faire regiſtre de toutes les informatiõs & procedures criminelles, & tout incontinent & sans delay bailler extraict audit Subſtitut du Procureur general du Roy, ou aux Procureurs Iurisdictionnels des decrets qui seront rendus sur lesdictes informations, & ausdits Procureurs Iurisdictionnels d'aduertir incontinent les Seigneurs ou Rentiers des lieux pour fournir aux fraiz & poursuittes necessaires, & ausdits Greffiers en cas d'appel, ou d'euocation, d'apporter ou faire porter les informatiõs & procedures criminelles closes & seelees, à peine de mil liures d'amẽde, suspension de leurs charges, & autre arbitraire, & aux Seigneurs desdits lieux, de respondre ciuilemẽt des despens, dommages, interests des parties pour la faute de leurs Officiers, & à ce que nul n'y pretende cause d'ignoráce, ordonne que extraicts du present Arrest seront expediez audit Procureur general du Roy, pour estre mádez par tous les Sieges de ce ressort, pour y estre publié, enregistré, gardé, & obserué selon sa forme & teneur. Fait au Parlement de Prouence seant à Aix, & publié à la Barre, & ausdits Hodoul, Bremond, & Lardeyret en Conciergerie, lesquels ont esté appliquez à la question & torture, la Cour seant, & sur les cinq heures du soir executez à mort, suiuant la forme & teneur dudit Arrest, le 26. Feurier 1619.

Collation est faicte.

Signé ROVX.

AVTRE ARREST DONNE' par deffaut contre ledit du Pin & autres Officiers de la Iustice de saincte Tulle qui ont esté attaincts & conuaincus du complot malheureusement fait contre ledit Belliard, accusé & complaignant, ainsi et en la maniere qui s'ensuit.

DICT A ESTE' que la Cour iugeant l'entier profit & vtilité desdits deffauts, a declaré & declare ledit Honoré Dupin, Esprit Ventier, Gregoire Melue, & Iean Lambellot deffaillants, attaints & cōuaincus respectiuement d'auoir faulsement, & par complot fabriqué & fait fabriquer l'accusation querellée, information & decret des crimes d'impieté, blasphemes execrables, heresie de leze Majesté Diuine & humaine: Pour reparation desquels les a condamnez & condamne à estre liurez és mains de l'Executeur de la haute Iustice, pour estre menez & cõduits par tous les lieux & carrefours accoustumez de ceste ville d'Aix, & au deuant la grand porte de l'Eglise Metropolitaine S. Sauueur, faire amende honorable en chemise, teste & pieds nuds, la hard au col, ayant chacũ d'iceux vn flambeau ardent en ses mains, & à genoux demander pardõ à Dieu, au Roy, à Iustice, & audit Belliard, & delà conduits à la place des Iacobins, où sur le Pillorj d'icelle auoir ledit Dupin le poing de la main droicte couppé, & apres auoir ses bras, jãbes & reins rompus & brisez, & mis en cet estat sur vn rouë pour y viure tant qu'il plaira à Dieu. Faict inhibitions & deffences à toutes personnes de luy donner ayde ny secours à peine de la vie: Et lesdits Ventier, Lãbellot,

& Melue auoir la langue couppée
sur ledit Pilory par ledit Executeur, &
apres bruslez tous vifs, & les cendres
iettees au vent, si apprehédez peuuét
estre, sinon seront executez en effigie:
neantmoins a declaré & declare tous
& chacuns leurs biens acquis, & confisquez au Roy, distraict & reserué la
somme de deux mil liures que ladicte
Cour adiuge audit Belliard pour ses
despens, dommages & interests & in-
iures. Cinq cens liures à piteux vsages,
distribuables à l'arbitrage de la Cour,
& cinq cens liures pour la reparation
du Palais, qui serót remises pardeuers
le Greffe Criminel d'icelle, pour toutes lesquelles amendes reseruées de ladicte confiscation, ensemble pour
celles adiugees par l'Arrest du 20.
Feurier dernier, seront tát lesdits Dupin, Ventier, Melue, Lambello, que
Barthelemy Lardeyret, François Hodoul & Iean Pierre Bremond, con-

trainꝯts l'vn pour l'autre, & vn d'eux seul pour le tout. Ordonne aussi que le procés sera instruict côtre Estienne Ventier autre querellé, pour ce faict estre ordonné ce que de raison : Et que Honoré, Iean & Claude Lardeyret freres, seront adiournez à comparoir en personne pardeuant ladicte Cour, pour respondre sur certains faits resultans du procez, dont ilz seront interrogez par le Commissaire deputé, pour leur responces communiquées au Procureur general du Roy & rapportez estre ordonné à ce que de raison. Faict au Parlement de Prouence, seant à Aix, & publié à la Barre le 15. Auril 1619.

Collation est faicte.

Signé ROVX.

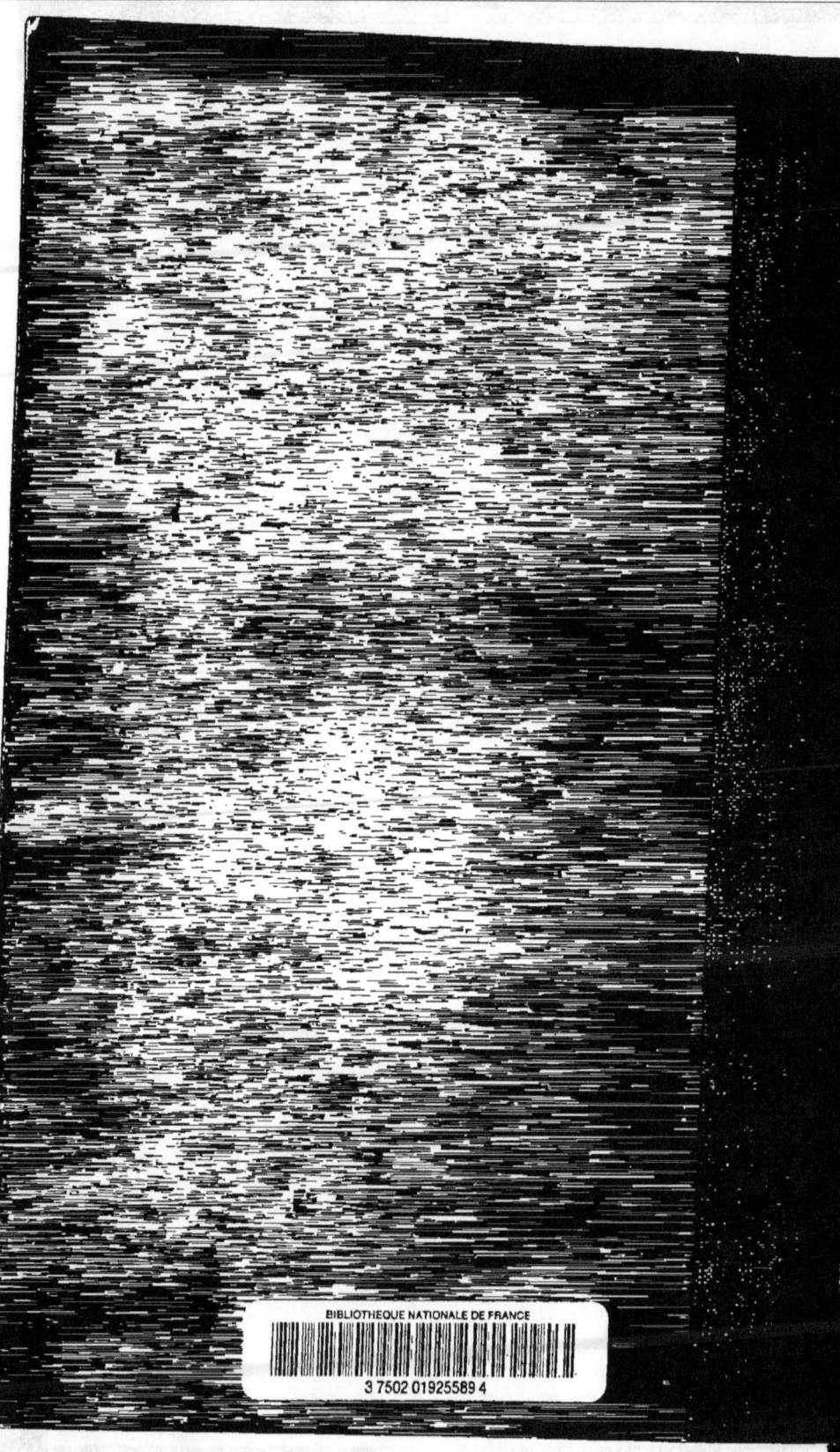

www.ingramcontent.com/pod-product-compliance
Lightning Source LLC
Chambersburg PA
CBHW060626050426
42451CB00012B/2447